여정旅程 황혼 빛

여정旅程 황혼 빛

이 수 옥 시집

늦가을 하얀 뜬구름 흘러가듯
나도 정처 없이 뜬구름 따라
어디론가 가고 싶다

도서출판 천우

아름다운 별 이 지구에 태어난 건
행운이고 행복입니다
세상의 모든 사람들
평화롭고 행복하길 기원합니다
2024년 12월에
이 수 옥

제1부
해 질 녘 솔섬

● 시인의 말

습관(習慣) __ 13

뜬구름 따라 __ 14

정동진역 __ 15

어머니 __ 16

토왕성 폭포 __ 17

경주의 봄 __ 18

해 질 녘 솔섬 __ 19

봄소식 __ 20

가을 향기 1 __ 21

청산도 __ 22

봄비처럼 __ 23

은빛 억새처럼 __ 24

지리산 화엄사 홍매화 __ 25

두물머리 이야기 __ 26

고백 __ 27

황혼 일기 __ 28

제2부
바람의 언덕에 서면

탱자나무와 박새 _ 31

여름날에 _ 32

동강에 핀 할미꽃 _ 33

바람의 언덕에 서면 _ 34

바람의 자유 _ 35

외암리 전경 _ 36

우음도 _ 37

호박꽃 축제 _ 38

바람 부는 날 _ 39

샛강 따라 산책로 _ 40

지리산 수달래 _ 41

방태산 다녀오며 _ 42

바람길 _ 43

잠자고 있는 내 카메라 _ 44

제3부
우포의 봄

덕유산 오이풀꽃 __ 47

강릉 오리섬 __ 48

섬진강 매화 __ 49

대추가 있는 풍경 __ 50

봄 길에서 __ 51

백석산과 잠두산 __ 52

하회마을 __ 53

우포의 봄 __ 54

우중(雨中)에 __ 56

달님 얼굴 __ 57

봄 구례 가다 __ 58

가을 길에서 __ 60

달 __ 61

주작산 진달래 1 __ 62

제4부

찔레꽃 피는 계절이면

해 질 녘 수섬 _ 65

통도사 봄 _ 66

봄날의 행복 _ 67

화개장터 이야기 _ 68

황매산 가다 _ 70

처서 _ 72

동작 국립현충원 _ 73

어버이날에 _ 74

찔레꽃 피는 계절이면 _ 75

달궁 계곡에서 뱀사골까지 _ 76

청산도에는 _ 77

입춘에 _ 78

자연휴양림 방태산 _ 79

바닷가 해당화 _ 80

제5부
유년의 가을은

가을이면 __ 83

이때쯤이면 꽃무릇 __ 84

유년의 가을은 __ 85

동네 이야기 __ 86

신라의 달밤 __ 88

나는 들꽃 같은 삶이다 __ 90

산수유꽃 피네 __ 91

수섬 뻴기꽃 필 무렵 __ 92

주작산 진달래 __ 93

봄 춘설 __ 94

할미꽃 보았네 __ 95

3월의 주작산 __ 96

하동 평사리 __ 97

고향 고갯마루 __ 98

● 해설 낭만적 서정주의자가 쌓아 올린
　　 사유(思惟)의 저수지 / 정유지 __ 99

제1부

해 질 녘 솔섬

습관(習慣)

낯가림 심한 나로선 무엇이든
익숙해질 때까지 불편 느끼지만
익숙해지면 절대 배신(背信)하지 않는다
오래된 정든 핸드폰 고장 날 때까지 안 바꾼다
자동차 초보 운전 때 포니도 부속이
안 나온다고 고물 처리했지만 지금은 부른 게 가격이란다
영화나 드라마 촬영 때 필요하다고
부속 없어서 서민들은 사용할 수 없는 고물 자동차가 돈이 되다니
카메라도 핸드폰도 정든 건 안 바꾼다
왜 그렇게 복잡하고 불편한지 새로운 것들
하루하루 시간 빠르게 간다
종점이 어디인지 모르지만 인생길 꽃길이면 좋겠다

뜬구름 따라

늦가을 하얀 뜬구름 흘러가듯
나도 정처 없이
뜬구름 따라 어디론가 가고 싶다

시골의 들판이라든가
산새 노래 재잘대는 산길이라든가
풀벌레 소리 정겨운 오솔길이라든가

남편이 나가고 있는
데이케어센터는 일요일만 쉬는 날이다
짧은 기간 많이 좋아졌는데도
움직이는 게 싫어 누워만 있으려고
이런저런 핑계 둘러대고
학교 가기 싫어하는 아이 같다

움직이면 장수할 것이고
누워만 있으면 독이 되는 걸
수없이 말하건만 마이동풍(馬耳東風)

바람 부는 길에서
수많은 상념(想念)들이 떠오르고 사라지고 한다
세월 따라 다 흘러가는 것이라 해도
왜 이리 마음 심란하고 아플까

정동진역

새벽 4시 28분 도착한 열차에서 내리면
바닷가 파도 소리가 먼 길 달려온 피곤함보다
설렘으로 마음 벅차 온다

바다와 기차역 하얗게 부서지는 파도
정동진역이 유명해진 건 기차에서 내려
플랫폼에 서면 발아래 펼쳐진 바다가
신기해서이다

발아래 출렁이는 바다
약간은 무섭고 설레었지만

머언 바다 수평선까지 한눈에 들어오는
정동진 앞바다 파도가 춤추는 그곳에
희망이 보이기 때문이다
정동진역은 아름다운 명승지다 바다와 기차역

어머니

유년의 그 시절
어머니는 말수가 없으시고
늘 조용한 분이셨다
여성스러웠던 온화한 표정의 어머니

시골 외가 갈 때면
산길 들길 이름 모를 꽃 앞에 앉아
꽃이 예쁘다고 쓰다듬어 줄 때면
어머니는 말없이 어린 딸을 기다려 주셨다
작은 아이에게 자연을 알게 해 주신 어머니

토왕성 폭포

천 개의 계단 전망대 오르니
하늘에서 내려오는 물줄기
천상(天上) 세계를 보는 듯
병풍처럼 펼쳐진 바위 능선
아래로 흐르는 물줄기 하늘에서
쏟아지는 거 같았네
한 폭의 수묵화 같은 웅장한 바위
긴 물줄기 토왕산 폭포 신비

설악산 자연 보호 45년간
금지되었던 산길 열리어
신비의 폭포 앞에 서니
반백 년 세월 아깝지 않았네
옛 모습 찾은 자연의 아름다움
설악산 산길 산 냄새 싱그러운 산 공기
토왕성 폭포는 신광 폭포라고도 한다

가을빛 산 좋아서 가을 냄새 좋아서
산길 따라 물길 따라 마냥 걸었지
힘든 만큼 기쁨 주는 가을 설악산
가을이면 꼭 가는 설악산을
코로나 사태로 못 간 지 2~3년 된 듯

* 2023년 8월 20일

경주의 봄

밤안개 속 핀 백목련
조명등 불빛에 희디흰 귀티 흐르는
우아한 꽃 아름답게 눈부시다
천년 고도 신라 옛 왕 살아서 누렸던
부귀영화 혼백(魂魄) 되어서도 이어지나
옛 왕비 넋이 백목련으로 환생하여
임 곁에 머무는 듯 신라의 밤
하얀 꽃 목련화
호기심과 두려움과 신비의 설렘으로
구석구석 돌아보았네
마음에 안 드는 곳 없는
아름다운 국립 공원 경주

해 질 녘 솔섬

처음 찾아간 부안 솔섬은
석양이 붉게 물들여 놓은 바다에
떠 있는 아름다운 섬이다

솔섬 지키는 소나무 사이
석양(夕陽)빛 하늘과 바다
붉게 물들어 아름답다
먼 거리 언제 다시
오게 될지 싶었던 아름다운
부안 솔섬 약속은 없지만
꼭 다시 가 보리라
아름다운 변산반도 국립 공원

봄소식

봄꽃 다투어 피기 시작하네
아파트 정원
금빛 트리 산수유나무 노란 꽃망울
하얀 백목련 꽃망울 살포시 미소 짓네

매화도 반갑다고 방긋방긋
수줍은 소녀 같은 하얀 꽃 매화
키 작은 나무 명자꽃도 피었네

아파트 담장 늘어진 나뭇가지
꼭 잡고 피는 노란 개나리 형제들
봄소식 기뻤네

잠깐 뿌린 봄비
아기 새순 젖 주듯 고맙다고 말해 주고 싶었네

가을 향기 1

햇살 따갑게 깊이 태워
알알이 익어 가는 풍요로움
오곡백과(五穀百果) 향기
오지 않을 거 같았던 가을 오시었네

길 나서면 반겨 주는 갈바람
잔잔한 풀벌레 연주곡
마음속 스며들어 가을빛 물들이네

새로운 희망과
설렘으로 서성입니다
계절의 길목에서

청산도

하늘과 산 바다가 푸르러
청산이라 했던가
국립 공원답게 아름다운 낙원이다
완도에서 배편으로 청산도 도착
선착장에서 천천히 언덕에 오르면
관광 명소가 된 서편제 영화 촬영 장소
극장에서 보았던 영화라 남다른 느낌이었지
청산도 매봉산 정상에 서면
한눈에 들어오는 시원한 바다 평화롭고 아름답다
청산도에서 보는 산 바다 어촌 마을 농촌 마을
아련한 향수 느껴지는 아름다운 섬
그 아름다운 청산도 밤하늘 별빛은
보석 뿌려 놓은 듯 아름다웠다
한 폭의 아름다운 산수화(山水畵) 아닌가 청산도

봄비처럼

여린 새싹 놀라지 않게 조심조심 내리네
겨울나무 동사(凍死) 직전 살려내더니
씨앗 싹 틔워 주는 이슬비
천둥번개 몰고 다니며 급하게 쏟아붓는
폭우가 뜨거움 식혀 주는 여름비라면
조심 조심히 내려 아기 새순 꽃잎
쓰다듬어 주는 봄비는 하늘이 내려 주는 보약이며
생명수(生命水) 얼마나 지혜로운 자연인가

은빛 억새처럼

산이건 들이건 철로 변이건
갈바람에 은발 날리며
척박한 환경도 마다 않는 착한 꽃
꽃 중에 지는 꽃이 아름다운 건
억새꽃이 으뜸이다

은빛 억새꽃 닮아 가는 나
머리에 서리꽃 피기 시작했다
서걱거리는 손가락 마디
얼굴의 잔주름 늘어가도 밉지 않은 건
거친 삶도 마다 않고 일어선 당당함
은빛 억새꽃 닮아서이다

은발이 더 아름다운 억새의 황혼이듯
석양의 고독한 아름다움이듯
나도 황혼이 아름다운 삶이고 싶다

* 2018년 시민 공모작—승강장 안전문 시

지리산 화엄사 홍매화

지리산 계곡물 흐르는 소리 졸졸졸
음악처럼 들리는 산길 혼자 걸어도
외롭지 않은 행복이었네, 물소리 산새 소리
음력 1월 말이나 2월 초
꽃망울 터지는 화엄사 홍매화
화엄사 2번째 가서야 홍매화 볼 수 있어
카메라에 담아 올 수 있었다

꽃의 개화(開花) 시기를 정확히 맞추기 어려웠다
각황전 앞뜰 귀티 흐르는 매화나무 둥치 하며
작은 꽃 붉디붉어 눈부신 홍매화
감히 어느 꽃이 흉내라도 낼 수 있을까
무수히 흩날리는 꽃 나비

산사를 수놓아 봄빛으로 아름답게 물들인다
통일 신라 시대 창건되었다는 지리산 화엄사에는
귀티 흐르는 매화나무 한 그루
이른 초봄 나뭇잎보다 먼저 피는 홍매화가 유명하다
음력 1월 말이나 2월 초
꽃망울 터지는 화엄사 홍매화

두물머리 이야기

장맛비 오락가락
엊그제 다녀간 것처럼 느껴지는 시간이
어느새 봄, 여름, 가을, 겨울 보내기를 몇 번

두물머리 강물끼리 합쳐 넉넉함으로 흐르는
양수리 강가에서 연꽃밭에서
느티나무 아래서 강바람에
시간 가는 줄 모르고 있었네
구름 사이 숨바꼭질하는 저녁 해
아쉬웠나 양수리 호수에도 떠 있다

물오리 가족 자맥질 평화로운 저녁 식사
붉게 물드는 노을 얼마나 아름다운 풍경인가
7월의 두물머리에서

고백

성당 다녀오는 발걸음 가벼워진 건
주일 새벽 미사 덕분이다
해야지 해야지 하며 몇 년 끌어온 판공성사(判功聖事)인가
코로나 처음 유행할 때부터 2년 성당에 못 나갔고
그 후 남편 간병하느라 급하게 오가고 했던 성당
오늘 신부님 앞에서 고해성사 얼마나 긴장했는지
하고 싶었던 말 못 했다 긴장해서

황혼 일기

한 손에 지팡이 쥐여 주고 또 한 손
내가 잡고 걷기 시작했다
처음 불안해했지만 시간 지날수록
자신감 생겨 마음 안정되어
잘 걸으며 기분 좋아했다

누워 있으면 해롭고
움직이면 혈색 좋고 밝은 얼굴
음식은 생선 육류 채소 과일 골고루 챙겨 주기

간병하기 강산이 바뀌지만
다시 찾아가는 건강 고맙소
황혼길 같이 가는 길

낮 시간 해바라기를 한다
비타민D 필요해서

제2부

바람의 언덕에 서면

탱자나무와 박새

반세기를 넘긴 세월
동심으로 자주 눈여겨보곤 했던 귀여운 새
이제야 이름 정확히 알게 되었네
어디에선가 들었던 거 같기도 한 박새
탱자나무 가시울타리
겁 없이 들락거리던 작고 귀여운 추억의 박새
온돌방 시절 옛집 굴뚝 주변에서 놀던 굴뚝새도 있다

여름날에

태양 겉면에 작은 폭파가
자주 일어났다고 했다
유별나게 긴 여름 뜨거웠던 건
못 견딜 괴로움의 여름이었지

9월 다 가도록 34℃~36℃ 여름의 끝 어디인가
10월 다 가도록 나뭇잎 초록색이다
가을옷 언제 갈아입을 건지

연속으로 못 견디게 하는 뜨거운 여름날의 폭염
118년 만의 여름이라 했다

점령군(占領軍)처럼 스며드는 가을의 힘에 밀려
꼬리 내리더니 풀벌레 연주가 들린다
이른 새벽에 숨어 우는 풀벌레

오곡백과(五穀百果) 가을 향기에
아침저녁 선들바람이 설레게 한다
계절 변화에 새로운 맛 사람 사는 재미다

동강에 핀 할미꽃

동강변(江邊) 산기슭 절벽 바위틈
수줍은 봄 처녀로 오시었네 동강 할미꽃
슬픈 추억 잊으셨나
허리 반듯하게 펴고 누굴 기다리시나
강 건너 빈 나룻배 강바람에 흔들흔들
봄이면 동강은 더 깊고 푸르러질 때
영월과 평창 정선에서
동강 할미꽃 만날 수 있다

허리 반듯하게 펴고
강원도 동강 고집하는 동강 할미꽃
강물 너무 푸르러 가슴 저리는가
굽이굽이 산자락 돌아
동강 물길 따라 세월 흐르네
속절없이 흘러가네

산그림자도 아름다운 깊고 푸른 동강 물길
굽이굽이 돌아 흐르는 강줄기
잘도 가네 동강 물길 따라 세월 흐르네

바람의 언덕에 서면

매봉산 바람의 언덕에 서니
거대한 풍력 발전기 아래 나는 아주 작은 사람이다
풍차 힘 있게 돌아가는 바람의 언덕
발아래 펼쳐진 구름바다 양탄자 깔아 놓은 거 같았다
운해(雲海) 속으로 걸어가고 싶었다

여름날 고랭지 배추밭 배추 형제들
도회지로 시집갈 때 되었나
초록 치마 허리끈 두르고 줄 서 있다
강원도 영월 매봉산(每峰山) 바람결
부드럽게 밭고랑 사이 흐르고
여명의 새벽하늘 쏟아질 거 같았던 별들의 세계
반짝이는 보석 뿌려 놓은 거 같았다
바람의 언덕 청정 지역 아름다운 풍경 낙원이다

바람의 자유

집 가까운 샛강 산책로
쉬지 않고 부지런히
달려오고 달려가는 강바람
움직이는 것들이 좋다
자연과 교감(交感) 이런 게 행복인 거지

사계절 바람은 쉬는 게 없다
나뭇잎도 풀포기도 흔들어 보고
꽃에게 사랑을 잉태시키고

창문마다 활짝 열어 놓았더니
부드럽게 안기었다 가 버리는 바람
앞 베란다로 들어와 뒷 베란다로
빠르게 가 버리네
어딜 가시나 바람님

외암리 전경

설화산 아래 송악 외암골
마을 입구 시냇물 흐르는 사이 드문드문 놓여 있는
돌 사이로 물살 빠르게 흐르고
나무로 엮은 섶다리가 걸려 있다 냇물 위에
새색시 버선발에 꽃신 신고 건너 다녔을 섶다리
자동차 지나가도 끄떡없는 튼튼한 돌다리 건너면
물레방아 쉬지 않고 돌아가며 물을 쏟아내고 있다
옆으로 눈 부릅뜬 장승 부부가 마을 지키려는 듯
수호신(守護神)처럼 서 있다

고택과 초가집 미로처럼 이어지는 돌담장 길
쏟아지는 햇살 바람결 부드럽고 나뭇가지
꽃망울 부풀어 터질 듯하다
햇살 반기는 애기 새싹 파릇파릇
논둑 밭둑에 기지개 켜는 풀포기 사이사이
하얀 냉이꽃 방실방실 노란 꽃다지도 다정스럽다
봄이 술렁이며 예사롭지 않았다
마을 중앙에는 오래된 당산나무가 장군처럼 서 있고
몇백 년 고택 넓은 정원에 자유롭게 넘나드는
새들의 노래가 있는 옛 풍경이 아련한 향수에 젖게 한다

마을 입구 논밭에 여름이면 연꽃이
가을이면 코스모스 방실방실 겨울이면 하얀 눈밭이 펼쳐지는
송악 외암리 민속 마을

우음도

삘기꽃 하얗게 핀 우음도
바람결에 은빛 물결 출렁이는
넓은 초원 끝은 갯벌이다

긴 세월 알 속에 갇혀
잠에서 깨어나지 못하는 아기 공룡
어미 공룡의 애끓는 발자국
바닷가 갯벌 가까이 흔적 남아 있다

몇 그루 나무가 보초병처럼 서 있는 사이로
갯바람 불어와 공룡알 주위를
맴돌다 띠풀 흔들고 지나간다

비 오는 날이면 소 울음소리가 들린다 하여
우음도라지만 공룡의 울음소리일지도 모르지
어미 공룡의 발자국, 어미 가까이 새끼 공룡 발자국

추억의 띠풀 삘기 풀냄새 들바람 갯바람이
공룡의 사연이 있는 우음도
그곳 또다시 찾아갈 수 있을까
바닷가 오지의 우음도

호박꽃 축제

꿀주머니 품고
인심 좋은 후덕(厚德)한 호박꽃이
여름 축제를 준비합니다

달콤한 향기 인근에 전해지자
꿀벌들이 분주히 드나들며
먹고 바르고 등에 지고 들고
꽃가루 노랗게 뒤집어쓰고
나비까지 불러들여 여름 축제 동참했습니다

벌 나비 부지런히 드나들더니
호박꽃이 사랑을 잉태했네요
여기저기 주렁주렁

늙은 호박 만삭되어 다산을 꿈꾸며
자랑스럽게 호박넝쿨 꼭 쥐고
늦가을 햇살에 감사드립니다

바람 부는 날

쓰러졌다 다시 일어서는 풀꽃
고달프고 힘들겠지만
움직이는 바람을 좋아하는 나는
들꽃 손 잡고 춤이라도 추고 싶다

큰 오동나무가 보랏빛 꽃 달고
서 있는 걸 본다

유년의 오동나무는 하도 커서
고개가 아프도록 올려다보곤 했다
낙화(落花)하여 흙바닥에 지천으로 떨어져 있던
보랏빛 오동나무 꽃과 친구 되었던
그해 몇 살이었나 4~5살이었던가

그 어린 시절이 이토록 머릿속에 깊게 남다니
어린 날의 추억은 값진 보물이다

샛강 따라 산책로

여의도 샛강 따라 자전거 도로 걷기 시작하면서
한두 방울 떨어지던 빗방울
시간 지날수록 빗줄기 굵어지며
비 피할 곳 없어 머리 옷 다 젖기도 한다
카메라는 비닐로 싸서 보호해 주었지만

샛강 따라 걷다 보면 어려서 보았던 들꽃
엉겅퀴 망초꽃 노란 애기똥풀꽃 자운영 찔레꽃 풀냄새
꼭 시골길 같은 느낌이 참 좋다
아침 준비 때문에 멀리 못 가고
산책로 왕복 2시간 돌아올 때는 비 개고
구름 벗겨지기 시작
금쪽같은 시간이다

지리산 수달래

지리산은 물이 많은 산
나무들이 행복해 보였지 명산답게
흐르는 물소리 산새 지저귐
봄바람 봄 햇볕에 방실방실 수달래
산비탈 계곡 아름답게 수놓았네
달궁마을 마한의 효왕 피난살이
넋을 달래 주려는가
달궁 계곡 물길 따라 진분홍 꽃
뱀사골까지 이어지네 꽃분홍 연분홍 새색시
지리산 계곡 연분홍 치맛자락 하늘하늘
물살 오른 꽃물결 수달래 장하다

방태산 다녀오며

가을빛 물드는 방태산 계곡
일단폭포 이단폭포 삼단폭포
흩어졌다 다시 합쳐 부르는 합창 폭포수
방태산 아름다운 국립 공원이다

나이 들어 이해심 넓어진 반백의 남자
매 끼니 챙겨 놓고 길 나서면
그 시간부터 몽땅 내 시간이다

혼자만의 자유여행
처음 대하는 건 신기하고 다시 보는 건 반갑고
어느 것 하나 놓치지 않고 보고 느끼고
여행의 참맛은 완행열차처럼 천천히 음미하는 것

바람길

집 가까운 샛강 산책로 따라
쉬지 않고 부지런히
달려오고 달려가는 강바람
움직이는 것들이 좋다
자연과 교감(交感) 이런 것이 행복인 것을

사계절 바람은 쉬는 게 없다
나뭇잎 풀포기 들꽃도 흔들어 보고
겨울 빈 나뭇가지도 흔들어 주는 바람
미풍, 강풍, 춘풍, 삭풍, 갈바람, 꽃바람
꽃에게 사랑을 잉태시키고
부끄러웠나 요술쟁이 바람

창문마다 활짝 열어 놓았더니
부드럽게 안기었다 가 버리는 바람
앞 베란다로 들어와 뒷 베란다로
빠르게 가 버리네
어딜 가시나 바람님

잠자고 있는 내 카메라

잠자고 있는 카메라와 언제쯤 함께 외출할 수 있을까
신종 바이러스 코로나19가 긴 시간
내 인생의 금쪽같은 시간을 갉아먹고 지나갔다
애국자는 못 되어도 모성으로 보호해 주고 싶은 가족 사랑
어버이날도 오지 마라 생일 모임도 취소한다고 했지만
설마 했던 코로나 시대 2년의 지겨운 마스크 생활
지금까지도 외출할 때 마스크를 한다
모두와 거리두기 지나갔지만 남편 간병하기
계절마다 바뀌는 설렘도 모르고 산다

제3부
우포의 봄

덕유산 오이풀꽃

늦여름 오후 애교스러운 햇살
태양의 배려와 바람결 애무로 잉태한 사랑
오이풀꽃 산비탈 옹기종기 피었네

중봉 아침 햇살 화려함 속에
산허리 휘감은 운해 한 폭의 아름다운
수묵화 그리고 있었지
뭉쳤다 흩어지는 요술사 같은 뭉게구름

산등선 넘어 달려온 산바람
오이풀꽃 흔들어 대자
수없이 쓰러졌다 다시 일어서기 해도
꽃대 꼭 잡고 꽃잎 모여 피었네

향적봉에 중봉에 여름 향기 오이풀꽃
훗날 오이풀꽃 핀 덕유산을
가슴 저리도록 그리워하겠지
존경, 변화, 애모 이 또한 얼마나 설레게 하는 꽃말인가

강릉 오리섬

밤바다에 떠 있는
오리섬을 볼 수 있다

밤새도록 기다리는 건 일출 보기 위해서인가
밤바다 떠 있는 오리섬은 밤새도록
불 켜져 있어 뜬눈으로 밤을 새우더니
새벽 동트면서 조명등이 꺼졌다

파도가 춤추며 수없이 다녀가는 오리섬은
밤에 보아야 더 설레게 하는 아름다운 섬이다

섬진강 매화

꽃구름 펼쳐진 매화 동산 곁을
꽃에 취한 듯 전라남북도 돌아보며
유유자적(悠悠自適) 흐르는 섬진강

섬진강 바람 산바람 햇살
나뭇가지마다 부드럽게 애무(愛撫)
봄볕 온기에 짙은 꽃향기
수줍은 매화 방실방실
벌 나비 사랑 놀이에
매화도 사랑 잉태했네

대추가 있는 풍경

가을걷이 끝낸 농가의 뜰
대추나무 가지 꼭 잡고 매달린
대추 형제 네다섯이
늦가을 햇살에 얼굴 붉히며
나뭇잎 몇 개와 나뭇가지 붙잡고
끝까지 버티고 있네
큰 잔치나 제상(祭床)에서
귀한 대접 받는 대추가 반가워
부럽게 바라보는 길섶의 과꽃도 있었지
가을걷이 끝난 농가의 한가로운 풍경
들뜸의 행복 자연과 함께할 때 기쁨이다

봄 길에서

느낌이 참 좋습니다
부드러운 바람결 그 촉감의 유혹
자주 밖으로 나가 보네요

약속은 없지만
그 장소가 어디이든 상관없어
그리움이 그리워 그리움 품고
앞길 뒷골목 공원 길 쏘다니네요

바람났다는 게
이런 들뜬 마음인가 봐요
설레고 마냥 좋기만 한 봄

백석산과 잠두산

산속 길 잃은 미아 되어 방황했지만
산의 요정들 아름다움에 취해
나뭇가지에 이마 찧고 넘어지고

산 정상에 하얀 돌 있어 백석산(白石山)
누에 닮은 잠두산(蠶頭山) 오르는 산길 야생화 천국
사전에도 오르지 않은 희귀종 꽃도 있었네
야생화 군락지 신비의 야생화
방실방실 유혹하는 약초 꽃 산나물 꽃

처음 들어보는 청아한 산새 노래 이름은 무얼까
고개 들어 쳐다보면 끝없이 펼쳐진 산 산 산
능선 따라 오솔길 대나무 스치는 소리 산길 외롭지 않았네
발목까지 차는 낙엽 스펀지처럼
발의 피로를 덜어 주었지 백석산 잠두산

하회마을

태백 황지연못에서 생긴 물줄기
흘러 흐를수록 몸집 키워
하회마을에선 큰 강 되었네 낙동강
긴 여정(旅程) 물길 굽이굽이 하회마을
휘돌아 구불구불 느리게 흐르네
찬 바람 불어대는 강변 모래밭 갈대숲
짓궂은 강바람에 갈대는 허리가 휘도록 춤추며
늦가을 이별의 손 흔드네

여름날 따갑게 태워 여물어진 씨앗
갈바람 무등 타고 어딜 가시나
강둑에 흩어져 고독하게 날리네
뜬구름 정처 없이 흘러가는
강변 갈대밭 바람 소리 나그네 발소리
눈치 빠른 새 무리지어 날아가는 철새들의 군무
동화 속 아름다운 그림 같았지
석양빛 붉게 물든 강변 가로수 길
옷깃 여미는 나그네 길 재촉하네
안동 하회마을 강변에서

우포의 봄

봄 햇살 반기는 매화나무
작은 꽃잎 방실방실
매화 너는 수줍음 많은 봄 소녀 같고
길손 나는 매화 너에게 반했다

예전 그 흔하던 할미꽃
자줏빛 꽃잎 어디 갔나 했더니
무덤가 슬픈 추억 잊고
촌가(村家) 뜰에 꼭꼭 숨어 피었다
등 굽은 정겨운 할미꽃

산촌의 돌담장 아래 혼절한 붉은 꽃잎
세월 흐르고 동백기름 쪽머리
할머니가 들려주었던 옛이야기
동백의 전설 아는가

수줍음 많은 작은 아이에겐
꽃다지, 냉이꽃, 풀꽃은 유년의 소꿉친구였지
다시 돌아갈 수 없는 그 시절
할머니가 어머니가 그립다

산촌의 돌담장 아래 혼절한 붉은 꽃잎
세월 흐르고 동백기름 쪽머리
할머니가 들려주었던 옛이야기
동백의 전설 아는가

수줍음 많은 작은 아이에겐
꽃다지, 냉이꽃, 풀꽃은 유년의 소꿉친구였지
다시 돌아갈 수 없는 그 시절
할머니가 어머니가 그립다 우포의 들길에서

우중(雨中)에

먹구름에 갇혀 있어도
습기 속 갇혀 있어도
생각은 자유로워
별별 상상을 다 하고 있다

앞 베란다로 들어와 뒷 베란다로
빠르게 가 버리는 바람아 시간아

장마 중 습기 속 갇혀 있는 나지만
아무 일 없는 일상들이 고마워
살아 숨 쉬고 있음에 감사한 날들이다
이제 비는 그만 왔으면
우중의 낙서

달님 얼굴

바람 불면 날아갈 거 같은
새털구름 새벽하늘 아름다워
한가위 달 반할 거 같았지
환하게 웃고 있어

새털구름도 하늘에 무늬를 그리고
둥근 얼굴 구름 위에 달인지
달 위에 구름인지 헷갈린
환상의 둥근 얼굴 한가위 달

추석 달 다음 날 새벽까지
밤하늘 떠 있네
늦더위에 뜬눈으로 밤을 지새웠다

118년 만에 찾아왔다는 폭염은
언제 식어 갈 건가
추석날 서울 36℃ 가을 추석이 아니라
여름 추석이다

* 2024년 9월 19일, 추석 연휴 중에

봄 구례 가다

용산역 막차 타고 구례구역 도착은 새벽이다
밤길 닭장의 홰소리가 반갑게 들려왔다
새벽을 깨우는 소리

둥근 달 떠 있어 바삐 걷는 중에도 자주 새벽하늘
올려다보며 계속 따라와 주는지 확인
달 있어 덜 무서웠고 위안되었다

한참 길 따라오던 달도 안 보이고 희미하게 보이는
안개 속 밤 바다에 떠 있는 섬 같은 시외버스 터
미널이 보이기 시작했다
　드문드문 무섭게 달리는 시골 총알택시만 아니라
면 낯선 길도
　달빛 흐르는 농가(農家) 마을 밤 풍경이 좋았다

　삼월의 지리산은 동면에서 깨어나지 않고
　겨울에 묻혀 2월 화엄사 홍매화 눈 뜨지 않아 서
운함 다독여
　돌아서는 그때 담장 아래 몇 그루의 동백나무 붉
은 꽃잎 낙화(落花)라니
　애처롭다, 차가운 바닥에 누워 있다니

노랗게 물든 상위마을 상동마을 지리산 정상은 하얗게 눈 쌓인
 설산인데 아랫마을 산수유 노란 꽃물결 아름다운 전원(田園) 풍경이다
 계곡 물소리 봄 햇살 맑은 공기 한적한 시골길이
 낯설지 않은 고향 같은 곳이다

 거울 속처럼 맑은 물 호수에 아담한 현천마을
 아름답게 반영되어 잔잔한 호수에 잠긴 듯한
 현천마을까지 둘러보고 구례구역 도착했을 때
 거울 속 나는 노숙자 같았다
 꿈을 향해 몸부림치던 건 혼이 담긴 작품을 담고 싶어
 산통(産痛)을 치렀다 구례 배낭여행에서

가을 길에서

푸르른 여름옷 벗어 놓고
풀포기, 나뭇잎
각기 다른 색의 옷 가을이다

바람이 쓰다듬어 주고 햇살이 안아 주고
벌 나비 날아와 춤추고
봄, 여름, 사랑 잉태한 꽃들의 축제였지
방긋방긋 피고 지고 피는 그 예쁜 꽃들
줄기마다 사랑 주머니 씨앗 남겼네

풍요 속 허전함 가을은 언제나 그랬지
떠나는 것들이 많은 계절
왈칵 밀려오는 그리움 그 뜨겁던 여름날 흘린 땀
추억을 남긴 아름다운 계절이다

산들바람이 옷자락 흔드는
가을 길에서 새로운 설렘으로 서 있네
가을빛 물드는 산책로에서

달

달빛을 좋아합니다
눈썹달, 상현달, 만월의 보름달
하현달, 그믐달
귀여운 달, 배부른 달
사랑스러운 달

주작산 진달래 1

주작산 진달래 만나러 가는
여명의 가파른 산길 애교스러운 초승달
내려다보고 웃고 있네
신비의 은하수도 흐르고 있잖은가
보석 같은 빛나는 별들
주작산 새벽 찬 공기에도 마음 평화로웠네

산 정상 수많은 진달래 꽃봉오리
찬 서리에 꽃잎 동상(凍傷) 걸릴까 걱정이었지
바위가 많은 험한 산길 꿈속인 듯
서서히 떠오르는 황홀한 일출 아름다운 낙원이었지
산골짜기 골고루 퍼지는 황홀한 아침 햇살
살포시 미소 짓는 연분홍 진분홍 꽃 진달래
주작산 진달래 유난히 고왔지 봄 처녀처럼

제4부

찔레꽃 피는 계절이면

해 질 녘 수섬

서산마루 머뭇머뭇
숨 고르기 하는 수섬의 석양
노을빛 물든 아름다운 초원
갯바람 불어와 뻘기 풀밭에 머무네

땅거미 빠르게
초원(草原)을 어둠에 가두었지
흩어졌던 소들 축사로 들어가고
어디선가 울어 대는 맹꽁이
떼로 습격해 오는 모기

초원 벗어나 언덕에서
일행 기다리는 시간
꽤 길게 느껴졌다

서울과 경기도 화성 먼 거리 아니건만
아득히 멀게 느껴지는 집 생각
오지(奧地)의 수섬에서

통도사 봄

영축산 줄기 타고 흘러 흘러온
계곡 물소리 소나무 숲 지나
통도사 머물고 싶었는지
스님 목탁 소리 들으며 흐르는 건지
재잘재잘 잘도 흘러간다

처마 끝 풍경 흔들어 놓고
법당 앞 매화나무 기웃거리더니
꽃잎에 입 맞추는 봄바람
수줍어 붉어진 홍매화 잠시 흔들렸네

아름드리 소나무
옛 유물 고이 모셔진 통도사 감싸고
만개한 홍매화 산수유꽃이
봄 통도사 아름답게 수놓고 있다

봄날의 행복

아무 일 없는데 그냥 행복한 건
봄 처녀 때문이네
보약 같은 햇살 화사하고 서로 다투어 피는
봄꽃 방실방실 잡다한 근심걱정 사라지고
마음 이리 행복해도 되는 건가
햇빛 달빛 바람이 있어 얼마나 고마운지
아름다운 지구에 산다는 건 축복이지

이번 겨울 얼마나 추운지
괜한 걱정이었나
심각한 지구온난화 걱정했지만
잘 지켜진 삼한사온(三寒四溫) 추웠다 풀렸다
그러다가 봄 처녀 오시었네
　.

화개장터 이야기

강줄기 따라 끝 보이지 않는 강둑 길
가로수 벚나무 만개한 꽃잎
꽃 나비 되어 무수히 흩날리는 화개장터
섬진강과 도로를 사이에 둔 이웃이다

불에 달궈진 쇳물
농기구 다듬어지는 쇳소리 대장간
몇 대를 이어오는 장인(匠人)일까

보따리 풀어 갓 캐 온
봄나물 파는 시골 할머니 거친 손은
자신을 희생해 아들딸 길러낸 장한 어머니 손이다

단발머리 쓰다듬어 주시던
할머니가 어머니가 그리웠다 화개장터에서
전라도와 경상도와 섬진강 이웃인 화개장터

점포 40여 곳 태운 화개장터 큰불(2014년 11월 27일)
(2015년 3월 11일 수요일)에도 화재 점포 4곳에 피해
옛 파라솔 풍경 없어지고 그 자리에 현대화된 건물
옛 모습도 조금 남아 있는 화개장터
전라도와 경상도와 섬진강 가로지르는 화개장터

작은 심장 조여들게 했던
수많은 전설은 무시무시한 장군 같았던
거목(巨木) 때문이었지 그 느티나무
지금도 고향 고갯마루 그 자리 그 느티나무

황매산 가다

안개비 내리는 새벽 산길 심술 사나운 세찬 산바람
나뭇가지 흔들어 심술부려도 만개한 철쭉꽃
신명 나게 춤추는 황매산 낙화(落花)한 꽃잎
널브러져 있어도 그 또한 아름다움인 것을

구름과 숨바꼭질하는 떠오르는 태양
황매산에 춤추는 꽃바람

새벽안개 사라진 황매산 일출은 환상적인 낙원이었지요
분홍 꽃으로 물들인 황매산 철쭉꽃 방실방실 유혹에
카메라 셔터 눌러대기 바빴다

합천과 산천의 경계선 넘나들며
사람 키 훌쩍 넘는 철쭉나무 사이를
지칠 줄 모르고 황매산 골짜기를 오르내리며
철쭉꽃 군락지에서 시간 가는 줄 모르고
자연과 함께했습니다 어디선가 들려오는
애절한 노래 뻐꾸기 노래다

아름다운 명산 황매산 그곳엔
영화나 드라마 촬영지로도 유명한 황매산
봄이면 새색시 같은 분홍빛 철쭉꽃이

가을은 황혼의 은빛 억새가 춤추는 곳
아름다운 명산 황매산은 국립 공원이다

관광버스 몇 대가 황매산 주차장에 풀어 놓은
우리 일행은 뿔뿔이 흩어졌다 다시 모이고
머리카락 사방으로 날리며 카메라 배낭 메고
황매산 산철쭉꽃 군락지에서 시간 가는 줄 몰랐다

인기 드라마* 촬영지이기도 한
황매산 봄이면 철쭉꽃이
가을이면 억새가 겨울이면 하얀 설산
황매산은 영남의 금강산이라고도 한다

* 미스터 션샤인.

처서

하루 이틀 지났다고 매미 소리 사라지고
풀벌레 애잔하게 우는 공원 산책로
초록 나무 초록 풀포기
34℃~ 36℃ 뜨거운 폭염 며칠간이었나
118년 만의 더위 대단했다 2024년 여름

바람마저 태양열에 달궈진 뜨거운 바람
여름 끝 어디인가 싶었지만
서서히 꼬리 내리는 여름이다

햇볕 따가워 맨살 델 듯해도
숨 막힐 거 같아도 기분 좋은 건
오곡백과(五穀百果) 익어 가는 결실의 계절
가을로 가는 길 반가운 처서이다

동작 국립현충원

호국보훈의 달 유월의 현충원
호국영령들 묘역(墓域) 묘비 말은 없지만
수많은 사연 새겨진 묘비 쓸쓸한 글귀
능수 벚꽃가지 흔들어 대는 바람결
그때 그날에도 바람은 매정하게 불어 대었겠지
애국(愛國)의 눈물 마르도록

숙연해지는 마음 고개 숙여 묵념
호국영령 뜻 헛되지 않게 간절히 기도하였네
평화 통일 이루어지길

뻐꾸기 애절하게 울다 가는 동작 국립현충원
철쭉꽃 영산홍 흐드러지게 핀 꽃길
화사한 햇살 실바람에도 흔들리는 풀꽃
그 아름다움도 슬프게 보이는 건
호국영령(護國英靈) 잠든 곳이어서 더 애틋하다

순국선열 호국영령들이 지켜낸 고마움 어찌 잊으리
동작역 전동차 타는 사람들 내리는 사람들
장터 방불케 하는 참배객 6월의 현충원
현충일이면 더 바쁘게 뛰는 지하철 9호선과 5호선

어버이날에

부모님 품을 떠나 새 둥지 만들어
아들 둘 낳았는데 그 두 아들
새로운 둥지 만들더니 딸 없는 우리 부부에게
꽃보다 더 예쁜 손녀 안겨 주고
듬직한 손자 안겨 주었네

흩어졌던 아이들
다 내 둥지에 모여들었다
어린이날에 대체공휴일에
어버이날에 부모님 그리워 베란다에 서서
먼 하늘 바라본다 고향 그리워 부모님 그리워
세수한 듯 하늘은 맑고 평화롭고 아름다워
얼마나 고마운 일인가

찔레꽃 피는 계절이면

모내기 철 논둑 밭둑
흐드러지게 피는 하얀 찔레꽃
연한 새순을 고사리 어린 손으로 따서
먹어 본 풋풋한 그리움이다

꽃바람 봄바람이 흔들어 주면
자지러지게 웃어 주던 수많은 꽃송이 하얀 찔레꽃
유년의 찔레꽃 눈부시게 아름다웠다

시골 논둑 밭둑 흐드러지게 피는 찔레꽃
동심으로 보았던 그 풍경 잊지 못하네
은은한 향기 고향의 향기

찔레꽃만큼 고우시던 젊은 날의 어머니
세상 뜨신 지 몇 년
찔레꽃 앞에 서면 그리움으로 가슴이 아려 온다

한강의 샛강 길섶
올해도 핀 하얀 찔레꽃 피었다
사는 게 바빠서 찔레꽃 피는
계절 온 줄도 모를 뻔했다

달궁 계곡에서 뱀사골까지

지리산 천왕봉 정상을 꿈꾸었지만 홀로 산행이라
노고단 정상에서 산길 따라 뱀사골까지 걸었다
지리산은 나무숲이 참 좋은 명산이다
물이 많아 가는 곳마다 작고 큰 물줄기가
가까이서 또는 아득히 숲 깊은 계곡 물소리
산중에 음악처럼 들려온다 산새들 청아한 노래도

나무가 많고 물이 많은 지리산의 품이
얼마나 큰지 걷다 보면 이정표는 전라북도인가 하면
계속 걷다 보면 경상도이고 걷다 보면 전라남도다
처음 가는 곳이지만 이정표 의지해서
한 발 한 발 산길 걷다 보니 달궁 계곡 지나 뱀사골 계곡이다

뱀사골 진분홍 철쭉 수달래가 화사하게 방실방실
반겨 주어 산행의 피곤함 잊게 한다
뱀사골 계곡 몇십 리일까 마한의 효왕 피난살이
옛 설움 흘려보낸 자리 물살 오른 꽃분홍 수달래가
봄바람에 한들한들 꽃길 열어 놓았다

상춘객(賞春) 마음까지 꽃빛 물들인 지리산 산철쭉
봄날의 꽃분홍 수달래가 반겨 주는 계곡 들러리 꽃길
아름다운 국립 공원 지리산 언제 다시 가게 되면
똑같은 그 산길 걸으리라 노고단에서 뱀사골 지나 남원에 가다
춘향이 흔적이라도 보고 싶어

청산도에는

하늘과 산 바다가 푸르러 청산이라 했던가
청산도(靑山島)에 가면 매봉산(梅峰山 385m)도 있다
산 정상에 서면 수평선 멀리까지 보인다
발아래는 아득하고

청산도(靑山島)는 국립 공원답게 아름다운 낙원이다
완도에서 배편으로 청산도 도착
선착장에서 천천히 언덕에 오르면
관광 명소가 된 서편제 영화 촬영 장소다
극장에서 보았던 영화라 남다른 느낌이었지

매봉산 정상에 서면
한눈에 들어오는 시원한 바다
청산도에서 보는 산, 바다, 어촌 마을, 농촌 마을
향수를 느끼게 하는 아름다운 섬이다

청산도(靑山島)
민박에서 보았던 보석처럼 빛나는 별빛
수많은 꿈 꾸게 했던 청산도의 달
낮에도 밤에도 아름다운 섬이다 청산도는

입춘에

긴 겨울 어찌 참아 내었는지
극한의 겨울 넘긴 꿈틀거리는 새 생명
빈 나뭇가지 희망으로
부풀기 시작하는 작은 꽃눈

나뭇가지에서 나뭇가지 넘나들며
새들 사랑놀이 청아한 노래
봄 가까이 오고 있다

가만히 살펴보아야 보이는
마른 덤불 속 파릇한 애기 새싹
양지바른 공원 길에서 나도 모르게 미소 짓네
봄 햇살 희망의 빛 봄이다
2월 4일 立春에

자연휴양림 방태산

가을빛 물드는 방태산 계곡
일단폭포 이단폭포 삼단폭포
흩어졌다 다시 합쳐 부르는
폭포수의 합창

방태산은 강원도 인제군 기린면
방동리에 위치하고 있다
인제군과 홍천군의 경계를 이루는 산

풍경이 아름다운 곳
다시 가고 보고 싶은 곳 방태산

바닷가 해당화

햇발이 다독여
바닷가 해당화 활짝 피어 빨간 꽃잎 열고
노란 꽃술 먼바다 바라본다
님 기다리는 해당화
바닷길 달려온 봄바람이
꽃 입술에 입맞춤하는 짓궂은 애무에
수줍어 빨개진 해당화

곱디고운 그 어여쁜 미소
바닷가 해당화가 봄 처녀이네

제5부

유년의 가을은

가을이면

파란 가을 하늘 새털구름
하얀 구절초 손짓하는 가을 산 가리라
한적한 오솔길도 걸어야겠지

가을 햇발에 반한
산국화 노란 꽃 하얀 꽃 방실방실
이 아름다운 가을 가기 전
황금빛 들녘 찾아가리
밀짚모자 허수아비도 만나야겠네

카메라와 같은 곳 바라보는 행복 그건
마음 비우고 자연 속에서 얻어지는
평화로움 때문이다

아주 소소한 일에도
행복할 수 있다는 건 살아 있다는 축복이다
작은 변화가 주는 행복에 감사드리며

이때쯤이면 꽃무릇

누구는 목숨 걸기도 하는 첫사랑 짝사랑
한 번쯤 감기처럼 스쳐 가는
사춘기(思春期) 열병 기억하게 하는 꽃 무리
비단 이불 펼쳐 놓은 거 같은 선홍빛 꽃물결
머어언 옛날 젊은 스님 짝사랑 넋이
상사화로 피었다지
사랑하는 젊은이들
추억을 그리워하는 사람들로 붐비는
꽃무릇 상사화 꽃밭에서
아련한 짝사랑 사춘기가 떠올랐다

찾는 이들 많으니
고창 선운사, 영광 불갑사, 용천사, 정읍 내장사,
서울 길상사 등 전국의 꽃무릇 외롭지 않겠네
사람들은 상사화라 하기도 한다 꽃무릇

유년의 가을은

황금빛 들녘 허수아비 지나가는 바람이
옷자락 흔들어 주니 춤추네
고추잠자리 고추밭에서 장독대에서 맴돌았지

해 지면 땅거미 어둠에 가두려 할 때
고향의 밤하늘 하나둘 살아나는 별빛
무수히 많은 별자리들이 빛을 쏟아내며
자랑했다 누구 별이 더 밝고 큰가를

밤하늘 은하수 가로질러
별똥별이 떨어질 때면
소녀의 눈은 그 별똥별 따라다녔다
긴 꼬리 멀리 사라질 때까지

길섶의 코스모스 목 길게 빼고
갈바람에 가냘픈 허리 흔들흔들 춤출 때
작은 아이는 어른이 되어서까지
그 꽃길 못 잊고 있다

다시 돌아오지 않는 평생 그리움이다
가을이면 그리워지는 꽃
코스모스, 보랏빛 쑥부쟁이, 들국화

동네 이야기

소문 무성하더니
이제 공사가 시작되었다

아파트 정문에서 2차선 도로 건너면
불도저로 땅을 밀어 언덕을 깎아 밀어내고 있다
신축 아파트 83층까지 올라가는 고층 아파트라 한다
내가 가만히 있어도 세상이 변한다
8개 구역이 뉴타운으로

지난해 주인 없는 집
목련 피더니 고귀한 아름다움 자랑하고 싶어
어찌 참고 서 있을까 흰 목련화

재개발 집집마다 빈집이라
주인도 없건만 송이송이 방긋방긋
봄 붙잡고 서 있는 살구나무 진달래 개나리

재개발 구역 빈집 철 따라 꽃 피고 지고
새들 지저귐 눈치 보는 길고양이
봄엔 앵두가 살구가 열렸더니 9월 주인 없는 빈집 대추나무
대추 형제들 옹골지게 여물어 가고
감나무 감 형제들도 제법 감답게 커서 색도 곱다

새들 지저귐 재잘재잘 그렇게 좋은가
아무도 살지 않는 빈 동네
새들의 수다 듣는다 노래도 듣는다
재개발 구역 허름해진 길에서

신라의 달밤

달빛 별빛 정겨운 천년 고도(千年 古都) 경주
옛 왕 살아서 누렸던 부귀영화 혼백(魂魄) 되어서도
그 영화(榮華) 누리는가
고분 동산 밝혀 주는 조명등 불빛에
희디흰 눈부시게 아름다운 백목련
호기심과 두려움 신비와 설렘이
첨성대와 대릉원에서 옛 신라의 신비 보네
낯설지 않은 대릉원(大陵苑) 담장 따라 만개한 벚꽃
4월의 봄밤 아름다워 꽃길 걸었네
경주 늘 가고 싶은 곳이지만
코로나19, 사태 끝나길 기다리는 중이네
국립 공원인 자랑스러운 경주에 가면
지치는 줄 모르고 구석구석 발자국 남기며
자랑스러움과 보람으로 시간 가는 줄 모른다

천마총(天馬塚), 황남대총(皇南大塚)
미추왕릉(味鄒王陵) 고분 20기(基)
황남동 신비 속을 걸었네
고찰 불국사 석굴암(국보 제24호)
구석구석 마음에 안 드는 곳 없는 국립 공원 경주
계림과 첨성대(瞻星臺)(국보 제31호)
대릉원(大陵苑) 반월성 안압지(雁鴨池) 하며

옛 신라인들 경주의 문화유산 얼마나 고마운 일인가
순백의 백목련 아름답기가 눈이 부신 경주에서
한 발 한 발 걸어서 구경하며 보람 느끼며
지치도록 걸었습니다

나는 들꽃 같은 삶이다

지나온 길 돌아보니
들꽃 같은 삶이다 홀로서기
스스로 피고 지는 꽃

사진 할 때도 문인 등단할 때도
책 발간할 때도 그랬다
도와주는 그 누구도 없는 언제나 외로운 길

아름다운 별
이 지구에 산다는 건 행운이다
들꽃처럼 살다 가야지

가을 씨앗 얼마나 멋진가
꽃은 가고 없어도
여물어 고개 숙이는 겸손

산수유꽃 피네

실눈 뜨고 눈치 보는 금빛 작은 꽃망울
꽃샘추위 심술 두렵지 않은가 보다

긴 겨울 이겨내고 망울망울 꽃망울
금빛 산수유나무 노란 옷 입고 오시네
봄 햇살에 눈뜨는 노란 꽃망울

언제나 빠른 봄소식 전하는 산수유꽃
새봄 일찍 눈뜨고 늦봄 빛바래도록
노란 좁쌀 같은 산수유꽃

여름 햇볕에 영글어 꽃보다 더
아름다운 빨간 열매
태양과 비바람 수없이 사랑하여 만든
약용으로 사랑받는 산수유
나뭇가지 황금빛 트리 아름다운 산수유나무다

수섬 삘기꽃 필 무렵

유월 태양이 쏟아내는 열기에
삘기 머리카락 하얗게 빛바랬다
육지가 그리워 섬이기를 포기하고
육지와 붙은 섬 모래톱 군데군데 질퍽한 습지
갯벌이었음을 고집하는 섬이 아닌 수섬

갯바람 달려와 은빛 머리카락 바람결에
날리며 반겨 주는 삘기밭
무심한 누렁소 느릿느릿
되새김질 평화로운 수섬 서산마루 해 질 때까지
여운 남겨 내일 기약하는 듯

사진가들이 찾아 주는 수섬 유명해졌다
소문은 누렁소 사진 화보에 올랐을 때
그곳 오지가 유명한 곳 되었다

땅거미 내려앉는 수섬의 고요
초원 벗어나 일행 기다리는 시간 꽤 길게 느껴졌다
서울과 경기도 화성 먼 거리 아니건만
아득히 멀게 느껴지는 집 생각
낮에는 아름다운 초원, 밤이면 적막 흐르는
오지의 수섬에서

주작산 진달래

주작산 수놓은 진달래
봄 처녀 오시었다

하룻밤 꽃샘추위 심술 사나워
진달래 봉오리 동상(凍傷) 걸려
상처 입어 어쩌나
1년 후에 보게 될 진달래

주작산 공기 맑아 진달래 색도 곱다
새색시처럼 아름다웠다
봉황이 날개 편 듯 주작산(朱雀山) 봄 풍경

봄 춘설

춘설 눈발이 춤을 추며 날린다
탐스러운 눈송이건만 가볍기가
새털보다 더 가벼워 보인다
흰나비 떼가 날아드는 것 같다

대설 주의보 안전 문자가 계속 오고 있다
서울에 오늘처럼 눈이 내린 적 몇 년 만인가
하루 종일 눈발 날렸지만
지상에 내려앉기도 전 다 녹아 없어졌다

칙칙한 궂은 날씨 소문만 무성했지 무슨 대설인가
지구온난화 진행 중이라지 환경을 살려야 지구도 산다
아까운 줄 모르고 펑펑 써 온 금쪽같은 시간들
마음 비우니 평범한 일상이 행복이네

할미꽃 보았네

예전의 할미꽃은
무덤가에 고개 숙인 할미꽃이다
양지바른 길섶 우단 천 같았던 빨간 꽃잎
그 할미꽃은 꽃술이 흰 머리카락 같았다

긴 세월 못 보아 그리워했다 할미꽃
우포의 한 농가 뜰에서 그 귀한 할미꽃
반가워 하염없이 바라보았네
지나온 세월 몇십 년 만인가
어느새 나도 할미꽃 황혼길이다
우포늪에서

3월의 주작산

주작산 산길 달도 아름다웠다 여명의 주작산
춘삼월 갑자기 심술 사나운 꽃샘추위
주작산 진달래 분홍빛 꽃봉오리 상처투성이다
연약한 꽃봉오리 분홍빛 봄 처녀 오시려나
강진 주작산 꽤 먼 거리
밤새도록 달려간 곳이다 사진 촬영 위해
울퉁불퉁 거친 돌길 새벽이라 산을 더듬어 가며
가파른 바위 정상에 올랐다

옷 속까지 파고드는 세찬 새벽바람
일출 기다리는 시간 지루하고 추웠다
바위가 많아 험한 산이지만
낮에 보면 봉황이 날개를 편 듯하다고 했다
꿈속인 듯 주작산 해맞이
산골짜기 골고루 퍼지는 황홀한 아침 햇살
주작산 골짜기 황홀하고 반하도록 아름답다

다시 가 보고 싶은
주작산자연휴양림(朱雀山自然休養林)
서울에서 먼 거리지만 언제든 다시 가 보고 싶은 곳이다
서두르지 않고 주작산 아름다움 마음껏 음미하리라
아름다운 명산 주작산

하동 평사리

농토는 기름지고 마을은 아늑하다
넓게 펼쳐진 논과 밭 내려다보이는 언덕에 자리한
고택과 초가마을 최 참판 댁 무남독녀 어린 서희가 겪었을
고난의 길이 고독이 왠지 남의 일 같지 않았네
조각보처럼 펼쳐진 들녘에 두 그루의 소나무 농토(農土) 지키는
수호신 같았지 부부송, 병풍처럼 펼쳐진 앞산 뒷산이
한 폭에 아름다운 수채화를 그려 낸다
섬진강 물길이 이웃인 하동 평사리
박경리(朴景利) 장편소설 『토지』 무대가 된
평화롭고 아름다운 고장 평사리

고향 고갯마루

어머니 손 잡고 넘었던 옛 고갯길
작은 심장 조여들게 했던 수많은 전설은
무시무시한 장군 같았던 거목(巨木) 때문이었지
그 느티나무 지금도 고향 고갯마루 서 있네

앉은뱅이 패랭이꽃 고개 숙인 땅나리꽃
흐드러지게 피었던 찔레꽃 어디 가고
쓸쓸한 어머니 깊은 잠에서 깨어나지 않으시니
쓸쓸한 고향 고갯마루
눈에 아른거리는 그리운 얼굴 어머니

● 해설

낭만적 서정주의자가 쌓아 올린 사유(思惟)의 저수지

— 이수옥 시집 『여정(旅程) 황혼 빛』의 시 세계

정 유 지
(문학평론가, 경남정보대 교수)

1. 여행은 고착된 사고에 대한 탈출구이고, 새로운 세상의 나를 낳는다.

"진정한 여행은 새로운 풍경을 보는 것이 아니라, 새로운 눈을 가지는 데 있다."

인용된 글은 『잃어버린 시간을 찾아서』(In Search of Lost Time)를 쓴 프랑스의 작가 마르셀 프루스트(Marcel Priust, 1871~1922)가 남긴 말이다. 프루스트 효과(Proust Effect)란 개념을 주목할 만하다. 프루스트 효과는 마르셀 프루스트의 소설 『잃어버린 시간을 찾아서』에서 유래한 개념이다. 소설의 한 장면에서 주인공이 마들렌(Madeleine)이라는 작은 과자를 먹는 순간, 그 맛과 향기가 어린 시절의 생생한 기

해설 99

억을 떠올리게 하면서, 이를 통해 기억의 문이 열리는 경험을 한다. 주로 냄새나 맛처럼 감각적인 자극으로 의해 촉발되는 기억 회상의 한 형태를 의미한다. 이른바 감각 자극이 과거 경험과 연결될 때, 이 자극이 갑작스럽게 기억과 감정의 심리적 현상을 연결하는 매개체로 작용할 수 있다.

  세계는 끝없이 넓고 다양한 경관과 문화를 품고 있다. 여행은 곧 삶의 새로운 활력소를 불어넣는다. 현재의 나를 떠나, 과거의 나를, 미래의 나를 만나는 일이다. 현실에 갇혀 발버둥 치는 나로부터 해방되는 새로운 나와 소통하는 일이다. 이수옥 시인의 시적 세계관은 달관과 관조의 미적 거리를 통해 '초월적 여정'의 공간으로 인식하고 있다.

  이수옥 시인은 한마디로 '여정 철학'을 실천하는 여류 시인이다. 여성 특유의 섬세함과 으늑함이 그의 작품 속에 녹아 있다. 이수옥 시인은 충남 아산에서 출생하였다. 2014년 월간『문학세계』시 부문 신인문학상으로 당선되어, 문단에 등단했다. U.S.A. Western 작가협회 초대작가로서, 그동안 독특한 빛깔의 작품군을 형성해 왔다.『은빛 억새처럼』『바람이 되어』등의 시집을 발간한 바 있는 중견 시인이며, 세계문인협회, 문학세계문인회, 한국문인협회 등의 회원으로 왕성한 문단활동을 통해 묵묵하게 서정문학의 지평을 열고 있는 귀한 존재이다. 월간『문학세계』문화예술공로상을 수상한 바 있다. 특히『국가상훈인물사전』문화예술인 편에 등재(2016년)된 만큼 뛰어난

문학적 역량을 발휘해 오고 있다.

 이수옥 시인은 유려함과 따스함이 깃든 시적 프레임(Frame)으로 깊은 여정을 즐긴다. 이수옥 시인은 그 여정의 창을 밝히고 있다.

 이수옥 시인은 시심을 아름답게 새겨 넣는 서정 시인이다. 이수옥 시인의 시적 세계는 크게 두 가지 경향을 보인다.
 첫째. 인간과 자연 사이에 초월적 시적 보폭을 선보인 동시에, 관조의 깊이로 수놓은 서정시의 백미를 수놓고 있다. 더불어 대자연을 누비면서 품격 있는 언어로 새롭게 특화한 '사유로 물든 시적 저수지'가 출렁거리고 있다. 아울러 이수옥 시인의 정신세계는 따스한 인간애적 감성과 철학적 성찰로 빚어낸 진솔하고 투명한 시어들로 가득하다. 이는 이수옥 시의 근간이 된 깊고 푸른 시적 연륜과 내공이 작용하고 있기 때문이다.
 둘째. 타자(他者)와 관계 맺기의 시학이 탁월하다. 또한 시적 대상에 대한 섬세한 특유의 감성을 바탕으로 대자연과 소통을 시도하고 있으며, '낭만적 서정주의자'답게 영혼을 노래하는 '따뜻한 세계관'을 구축하고 있다. 밤하늘을 밝히는 별들이 반짝이는 저수지처럼, 희망의 세상을 담아내고 있는 세상에 없는 지상의 마지막 휴머니티(Humanity)를 구현하고 있다. 서정의 이미지로 만든 저수지 속에 이수옥 시인의 작품관이 녹아 있다. 자연의 순환과 순리, 자기 진단 등을

두루 선보이면서, 이수옥 시적 상상력의 미학을 확보하고 있다.

시인은 자연에 대한 특화된 정서를 발산하고 있다. 바로 「정동진역」에서 이를 확인할 수 있다.

> 새벽 4시 28분 도착한 열차에서 내리면
> 바닷가 파도 소리가 먼 길 달려온 피곤함보다
> 설렘으로 마음 벅차 온다
>
> 바다와 기차역 하얗게 부서지는 파도
> 정동진역이 유명해진 건 기차에서 내려
> 플랫폼에 서면 발아래 펼쳐진 바다가
> 신기해서이다
>
> 발아래 출렁이는 바다
> 약간은 무섭고 설레었지만
>
> 머언 바다 수평선까지 한눈에 들어오는
> 정동진 앞바다 파도가 춤추는 그곳에
> 희망이 보이기 때문이다
> 정동진역은 아름다운 명승지다 바다와 기차역

―「정동진역」 전문

정동진역은 서정의 향기가 물씬 풍기는 플랫폼이다. 시적 화자 '나'가 새벽 열차에서 정동진역에 내리자마자 시원한 바닷가 파도 소리가 '나'를 반겨 주는 시적 환기를 연출한다. 정동진역에 서면 발아래 펼쳐진 바닷가 풍경이 신선하게 다가온다. 여정의 맛은 낯선 이미지를 통해 새로운 발견이 동반되기 때문이다. 파도는 죽지 않는 영혼의 날개를 하얗게 남기며, 사색의 길을 내고, 사유의 깊은 상상력의 현을 켜는 동안, 무아지경(無我地境)의 세상과 대화를 하게 된다. 대자연 속에 몰입되어, 또 다른 나를 발견하는 삶의 자세를 취하고 있다.

시인은 자기 자신의 삶을 찬찬히 바라보고 있다.「해질 녘 솔섬」을 꺼내 잠재된 내면을 흔들기 시작한다.

> 처음 찾아간 부안 솔섬은
> 석양이 붉게 물들여 놓은 바다에
> 떠 있는 아름다운 섬이다
>
> 솔섬 지키는 소나무 사이
> 석양(夕陽)빛 하늘과 바다
> 붉게 물들어 아름답다
> 먼 거리 언제 다시
> 오게 될지 싶었던 아름다운
> 부안 솔섬 약속은 없지만
> 꼭 다시 가 보리라
> 아름다운 변산반도 국립 공원

―「해 질 녘 솔섬」 전문

인용된 작품은 변산반도 국립 공원 솔섬에 대한 의

미를 새롭게 전해 주고 있다. 좋은 시는 사물에 대한 시적 인식의 변화를 줄 때, 진화된 시가 발아된다. 무릇 시인은 모든 사물의 이름을 재탄생시켜 주는 전지적 작가다. 석양이란 말이 있기 때문에 석양이란 실제도 존재한다. 시적 인식의 힘이다. 삶의 진실은 눈에 외면하고 싶은 낯선 곳이다. 흔히 볼 수 없는 절경의 낯선 공간은 시인들의 눈길을 끌게 한다. 부안 솔섬이 그렇다. 부안 솔섬은 붉게 물든 바다 위에 떠 있는 섬임을 어필하고 있다. '부안 솔섬 약속은 없지만/ 꼭 다시 가 보리라'의 시적 진술은 부안 솔섬을 다시 찾게 만드는 시적 여운을 남긴다. 맛있는 시의 성찬을 짓고 있는 이수옥 시인의 창조적 상상력이 참으로 기막히다.

시인은 일상 속에서 상상력의 날개를 펼친다. 「바람의 언덕에 서면」에 이를 확인할 수 있다.

> 매봉산 바람의 언덕에 서니
> 거대한 풍력 발전기 아래 나는 아주 작은 사람이다
> 풍차 힘 있게 돌아가는 바람의 언덕
> 발아래 펼쳐진 구름바다 양탄자 깔아 놓은 거 같았다
> 운해(雲海) 속으로 걸어가고 싶었다
>
> 여름날 고랭지 배추밭 배추 형제들
> 도회지로 시집갈 때 되었나
> 초록 치마 허리끈 두르고 줄 서 있다
> 강원도 영월 매봉산(每峰山) 바람결
> 부드럽게 밭고랑 사이 흐르고

여명의 새벽하늘 쏟아질 거 같았던 별들의 세계
반짝이는 보석 뿌려 놓은 거 같았다
바람의 언덕 청정 지역 아름다운 풍경 낙원이다

—「바람의 언덕에 서면」 전문

"평생 결정적 순간을 찍으려 발버둥 쳤으나, 삶의 모든 순간이 결정적 순간이었다."

인용된 글은 프랑스 사진작가 앙리 까르띠에 브레송이 남긴 말이다. 마음을 과거에 두면 후회가 넘치고, 미래에 두면 불안이 넘친다. 그래서 마음은 항상 현재에 두어야 한다. 현재에 결정적 순간이 존재하기 때문이다.

바람의 언덕은 현재와 미래가 공존하는 공간이다. 강원도 영월 매봉산 바람의 언덕은 거대한 풍력 발전기가 있는 곳이다. 구름이 수채화처럼 펼쳐진 아름다운 운해의 현장이다. 초월적 기표인 배추를 통해 한계 상황을 무너뜨리는 역할을 하고 있다. 밭고랑 사이로 여명의 별이 쏟아질 것 같은 극적 상황을 부각하고 있다. '바람의 언덕'은 낙원의 청정 지역을 재생시킨 환희의 순간을 맞고 있다.

시인은 인생의 「바람길」을 잊을 수 없다.

집 가까운 샛강 산책로 따라
쉬지 않고 부지런히
달려오고 달려가는 강바람

움직이는 것들이 좋다
자연과 교감(交感) 이런 것이 행복인 것을

사계절 바람은 쉬는 게 없다
나뭇잎 풀포기 들꽃도 흔들어 보고
겨울 빈 나뭇가지도 흔들어 주는 바람
미풍, 강풍, 춘풍, 삭풍, 갈바람, 꽃바람
꽃에게 사랑을 잉태시키고
부끄러웠나 요술쟁이 바람

창문마다 활짝 열어 놓았더니
부드럽게 안기었다 가 버리는 바람
앞 베란다로 들어와 뒷 베란다로
빠르게 가 버리네
어딜 가시나 바람님

— 「바람길」 전문

인용된 작품의 공간적 배경은 샛강이다. 샛강은 큰 강의 줄기에서 한 줄기가 갈려 나가 중간에 섬을 이루고, 하류에 가서는 다시 본래의 큰 강에 합쳐지는 강을 뜻한다. 자연과 교감하는 장소이기도 하다. 사계절 바람은 사물을 흔들어 깨운다. '흔들어 깨운다.'라는 행위 그 자체는 깨달음을 주는 일련의 자각의 순간이다. 꽃들에게 사랑을 잉태하게 만드는 역할도 한다. 바람은 쉴 새 없이 세상을 일깨우는 존재다. 나뭇가지도 예외일 수 없다. 미풍, 강풍, 춘풍, 삭풍, 갈바람, 꽃바람은 계절마다 다르게 나타나는 바람의 종류다. 미풍(微風)은 약하게 부는 바람 또는 바다에서 육지로 불어오는 바닷바람이다. 강풍은 세차게 부는 바람이다. 춘풍은 봄에 부는 바람이다. 삭풍은 겨울철 북쪽에서 불어오는 차가운 바람이다. 갈바람은 가을에 부는 신선하고 서늘한 바람이다. 꽃바람은 꽃이 필 무렵에 부는 봄바람이다. 바람은 창문을 통과한 후 부드럽게 안기었다 가 버리고, 앞 베란다로 들어와 뒷 베란다로 나가는 무위(無爲)의 존재다.

시인은 매화 동산으로 향한다.「섬진강 매화」라는 작품을 통해 확인할 수 있다.

꽃구름 펼쳐진 매화 동산 곁을
꽃에 취한 듯 전라남북도 돌아보며
유유자적(悠悠自適) 흐르는 섬진강

섬진강 바람 산바람 햇살
나뭇가지마다 부드럽게 애무(愛撫)
봄볕 온기에 짙은 꽃향기
수줍은 매화 방실방실
벌 나비 사랑 놀이에
매화도 사랑 잉태했네

―「섬진강 매화」전문

인용된 작품의 '섬진강 매화'는 '사랑의 결정체'로 명명할 수 있다. 이수옥 시인의 대표작 '섬진강 매화'

는 봄의 전령을 상징하고 있다. 봄볕 아래에서 연분홍 자태와 짙은 향을 부각하면서, 여리면서 고운 여자 곧 풍만한 여인상 또한 구현하고 있다. 매화는 '설중매(雪中梅)'라고 한다. 눈 속에서 피는 꽃이라서 그렇다. 어떤 고난과 역경이 오더라도 굽히지 않는 절개와 지조를 상징하는 꽃 중의 꽃이다. 매화꽃이 남녘에서 피기 시작할 때면, 남녘으로부터 진한 매화향기가 바람을 타고 온다는 말이 있다. 매화향이 진하기 때문이다.

봄꽃은 매화, 살구꽃, 벚꽃, 자두꽃 순으로 핀다. 봄꽃 중에서 가장 먼저 피어나는 꽃이 매화임을 확인할 수 있다. 매화는 흰색이면 백매인데 꽃잎이 희어도 꽃받침이 녹색이면 녹매라고 하며, 붉은색이면 홍매, 홍매가 진해 검은빛을 내면 흑매라고 한다.

한국 여성의 전통적 정서와 매화의 캐릭터(character)를 절묘하게 접목하고 있는 작품이다. 매화의 꽃말은 '인내', '고결한 마음', '기품', '품격' 등이 있다. 주어진 한계 상황 속에서 스스로 자각하며 쉼 없이 개척하며 살아가야 하는 우리 시대 시지프(Sisyphe)의 삶과 무에 다르랴.

2. 눈을 뜨고 있는 물고기가 항상 깨어 있어 깨달음을 주듯, 대자연을 응시하는 시인의 시선 속에 수행의 깊이가 배어난다.

"목적지는 결코 장소가 아니라, 새로운 시각으로 사물을 보는 방법이다."

인용된 글은 헨리 밀러가 남긴 말이다. 인생은 여행이다. 항상 목적지를 정해둘 때가 많다. 그럼에도 불구하고 인생의 여정 속에서 가장 중요하게 여겨야 할 점은 목적지를 향해 가는 과정에서 배우게 되는 새로운 시작이다.

진정한 여행이란 단순히 새로운 장소를 방문하는 것을 넘어, 그 과정에서 자신을 발견하고 성장하는 경험을 의미합니다. 여기에는 몇 가지 중요한 요소가 있다.

첫째. 자기 발견이다. 진정한 여행은 자신을 돌아보고 내면의 목소리를 듣는 기회를 제공한다. 낯선 환경에서 경험은 우리의 가치관과 꿈을 재조명하게 하며, 자신에 대한 이해를 깊게 한다.

둘째. 문화적 교류다. 다양한 문화와 사람들을 만나는 것은 여행의 핵심 중 핵심이다. 그들과의 소통은 우리가 살아온 방식과 다른 시각을 배우게 하며, 세상에 대한 이해를 넓혀 준다. 이 과정에서 생기는 공감과 연대감은 진정한 여행의 묘미다.

셋째. 자연과의 접속이다. 자연 속에서 경험은 마음

의 평화를 가져다준다. 멋진 풍경을 감상하고, 자연의 소리에 귀 기울이며, 일상에서 벗어나 심신을 재충전하는 것은 진정한 여행에서 빼놓을 수 없는 요소다.

넷째. 모험과 도전이다. 진정한 여행은 때때로 예상치 못한 상황에 직면하기도 한다. 이런 도전들은 나를 성장하게 하고, 새로운 기술과 문제 해결 능력을 키우는 계기가 된다.

다섯째. 성장의 산물이다. 여행은 추억과 견문을 쌓는 과정이다. 만난 사람들, 경험한 일들, 느낀 감정들이 모여 삶의 깊은 의미를 부여한다. 진정한 여행은 외적인 탐험뿐만 아니라 내적인 여정을 포함한다. 이를 통해 현재의 나는 과거와 미래의 세상과 연결되고, 자신을 더욱 깊이 알게 되며, 삶의 진정한 가치를 추구하게 만든다.

이수옥 시인은 현대적 사유를 가얏고 현을 고르듯 제대로 활용할 줄 안다. 한마디로 말하면 이미지(心象, Image)를 가장 효과적으로 형상화할 수 있는 국내 정상급 작가 중 한 명이다. 이수옥 시인의 시적 감성이 움직이면 그 어떤 시적 대상일지라도 유려하게 나타내는 시적 드로잉이 압권이며, 최고 수준의 명품 서정시를 탄생시킨다.

이수옥 시인의 문학적 상상력은 전매특허다. 시적 대상의 경계 없이 언제든지 자유롭게 넘나든다. 밤하늘에는 별들이 모여 산다. 사람의 가슴에는 사랑이 모여 산다. 땅에는 꽃이 꿀벌과 나비를 부르며 모여 산다. 이수옥 시인은 별과 사랑, 꽃을 노래하는 빛나는 시인이다.

  이수옥 미학은 이번 시집 『여정(旅程) 황혼 빛』에서 인생의 퍼포먼스로 만개(滿開)하고 있다. 시인은 따스한 마음의 창을 연다. 「우포의 봄」을 통해 확인할 수 있다.

>봄 햇살 반기는 매화나무
>작은 꽃잎 방실방실
>매화 너는 수줍음 많은 봄 소녀 같고
>길손 나는 매화 너에게 반했다
>
>예전 그 흔하던 할미꽃
>자줏빛 꽃잎 어디 갔나 했더니
>무덤가 슬픈 추억 잊고
>촌가(村家) 뜰에 꼭꼭 숨어 피었다
>등 굽은 정겨운 할미꽃
>
>산촌의 돌담장 아래 혼절한 붉은 꽃잎
>세월 흐르고 동백기름 쪽머리
>할머니가 들려주었던 옛이야기
>동백의 전설 아는가
>
>수줍음 많은 작은 아이에겐
>꽃다지, 냉이꽃, 풀꽃은 유년의 소꿉친구였지
>다시 돌아갈 수 없는 그 시절
>할머니가 어머니가 그립다

산촌의 돌담장 아래 혼절한 붉은 꽃잎
세월 흐르고 동백기름 쪽머리
할머니가 들려주었던 옛이야기
동백의 전설 아는가

수줍음 많은 작은 아이에겐
꽃다지, 냉이꽃, 풀꽃은 유년의 소꿉친구였지
다시 돌아갈 수 없는 그 시절
할머니가 어머니가 그립다 우포의 들길에서

―「우포의 봄」 전문

사람의 발길을 모으는 공간은 따스한 명소로 변한다. 봄 햇살 반기는 매화나무는 수줍음 타는 소녀로 분장한다. 그 옛날 흔하던 할미꽃이 자줏빛 촌가에 꼭꼭 숨어 무덤가 할미꽃으로 피어난다. 유년의 소꿉친구는 꽃다지, 냉이꽃, 풀꽃 등이다. 시인의 다시 돌아갈 수 없는 그 시절, 할머니가 어머니가 그리움의 대상으로 인식되고 있다.

겨울이 지나가고 우포에 봄이 오면, 우포 주변에서는 파릇한 생명의 움을 틔우고, 겨울 철새들이 떠난 그 자리에 동백의 전설을 잉태한다. 우포늪의 봄은 파릇한 생명이 움트는 시기, 운명의 굴레를 극복하는 새로운 기회의 장도 마련된다. 어머니, 할머니를 그리면서 들꽃의 신화를 꿈꾸고 있다.

시인은 홍매화 만개한 「통도사의 봄」을 드러낸다.

영축산 줄기 타고 흘러 흘러온
계곡 물소리 소나무 숲 지나
통도사 머물고 싶었는지
스님 목탁 소리 들으며 흐르는 건지
재잘재잘 잘도 흘러간다

처마 끝 풍경 흔들어 놓고
법당 앞 매화나무 기웃거리더니
꽃잎에 입 맞추는 봄바람
수줍어 붉어진 홍매화 잠시 흔들렸네

아름드리 소나무
옛 유물 고이 모셔진 통도사 감싸고
만개한 홍매화 산수유꽃이
봄 통도사 아름답게 수놓고 있다

—「통도사의 봄」전문

  시인은 정제된 시적 언어로 통도사의 봄을 피워 올리고 있다. 영축산 계곡 타고 내려온 물소리가 스님의 목탁 소리에 맞춰 재잘재잘 잘도 흐른다. 처마 끝 풍경을 흔든다. 봄바람에 취한 매화나무가 수줍어 붉어지다가 홍매화로 흔들린다. 만개한 홍매화, 산수유꽃이 통도사의 봄을 수놓는다. 한 폭의 동양화를 옮겨 놓은 것 같다. 통도사는 경상남도 양산시 하북면 지산리에 위치한 사찰이며, 한국의 삼보사찰 중 하나다. 통도사 주변 경관은 영축산과 사찰을 둘러싼 자연이 조화를 이루고 있다. 사계절 아름다운 풍경과 평온함을 자아낸다. 2018년 6월 30일에는 전국 각지에 소재하는 산사들과 함께 '산사, 한국의 산지 승원'이라는 명칭으로 유네스코 세계유산에 등재된 바 있다.

시인은 한강의 샛강 길섶을 향한다. 「찔레꽃 피는 계절이면」에서 이를 확인할 수 있다.

모내기 철 논둑 밭둑
흐드러지게 피는 하얀 찔레꽃
연한 새순을 고사리 어린 손으로 따서
먹어본 풋풋한 그리움이다

꽃바람 봄바람이 흔들어 주면
자지러지게 웃어 주던 수많은 꽃송이 하얀 찔레꽃
유년의 찔레꽃 눈부시게 아름다웠다

시골 논둑 밭둑 흐드러지게 피는 찔레꽃
동심으로 보았던 그 풍경 잊지 못하네
은은한 향기 고향의 향기

찔레꽃만큼 고우시던 젊은 날의 어머니
세상 뜨신 지 몇 년
찔레꽃 앞에 서면 그리움으로 가슴이 아려 온다

한강의 샛강 길섶
올해도 핀 하얀 찔레꽃 피었다
사는 게 바빠서 찔레꽃 피는

계절 온 줄도 모를 뻔했다

―「찔레꽃 피는 계절이면」 전문

찔레꽃은 전국의 산과 들의 기슭과 계곡에서 볼 수 있다. 봄부터 이른 여름까지 작은 흰색 꽃을 피우고 열매는 가을에 붉게 익는다. 찔레꽃 연한 새순을 고사리 어린 손으로 따서 먹던 시기를 회상하고 있다. 찔레꽃은 풋풋한 그리움의 대상이다. 또한 찔레꽃은 고운 존재의 대명사다. 찔레꽃과 어머니는 한마디로 은유의 상징이다. 세상을 떠난 어머니를 회상하며, 눈시울을 적시고 있다. 아울러 찔레꽃 앞에 서면 그리움을 삼키게 된다. '사는 게 바빠서 찔레꽃 피는 계절도 잊었다'고 의도적 진술을 하고 있어, 잔잔한 감동의 메아리가 들려온다.

시인은 고향에 대한 애착이 대단하다. 「유년의 가을은」을 통해 확인할 수 있다.

황금빛 들녘 허수아비 지나가는 바람이
옷자락 흔들어 주니 춤추네
고추잠자리 고추밭에서 장독대에서 맴돌았지

해 지면 땅거미 어둠에 가두려 할 때
고향의 밤하늘 하나둘 살아나는 별빛
무수히 많은 별자리들이 빛을 쏟아내며
자랑했다 누구 별이 더 밝고 큰가를

밤하늘 은하수 가로질러
별똥별이 떨어질 때면
소녀의 눈은 그 별똥별 따라다녔다
긴 꼬리 멀리 사라질 때까지

길섶의 코스모스 목 길게 빼고
갈바람에 가냘픈 허리 흔들흔들 춤출 때
작은 아이는 어른이 되어서까지
그 꽃길 못 잊고 있다

다시 돌아오지 않는 평생 그리움이다
가을이면 그리워지는 꽃
코스모스, 보랏빛 쑥부쟁이, 들국화

─「유년의 가을은」 전문

　황금 들녘의 허수아비 지나가는 바람이 옷자락을 흔들어 춤을 춘다. 고추잠자리는 고추밭, 장독대에서 맴돈다. 무수히 많은 별 잔치가 생겨난다. 밤하늘 가로질러 떨어지는 별똥별의 긴 꼬리를 소녀의 눈으로 바라보고 있다. 길섶의 코스모스가 갈바람에 흔들흔들 깊은 춤을 춘다. 어른이 되어서도 잊지 못할 꽃길임을 일갈하고 있다.
　코스모스는 다시 돌아오지 않는 그리움의 대상이다. 코스모스, 보랏빛 쑥부쟁이, 들국화가 그리워진다. 코스모스(cosmos)는 우주를 뜻하는 그리스어(κόσμος)에서 온 단어이다. 코스모스는 자연의 유한한 경계 안에

서 상이한 생명 형태들과 환경 간의 긍정적 상호작용을 실천한다.

이수옥 시인은 수많은 전설을 쌓아 올렸다. 「고향 고갯마루」에서 이를 확인할 수 있다.

어머니 손 잡고 넘었던 옛 고갯길
작은 심장 조여들게 했던 수많은 전설은
무시무시한 장군 같았던 거목(巨木) 때문이었지
그 느티나무 지금도 고향 고갯마루 서 있네

앉은뱅이 패랭이꽃 고개 숙인 땅나리꽃
흐드러지게 피었던 찔레꽃 어디 가고
쓸쓸한 어머니 깊은 잠에서 깨어나지 않으시니
쓸쓸한 고향 고갯마루
눈에 아른거리는 그리운 얼굴 어머니

―「고향 고갯마루」 전문

고향의 고갯마루를 쓸쓸하게 서 있는 느티나무를 거목으로 명명한 것은 시인다운 발상이 아닐 수 없다. 큰 나무도 깎아야만 동량(棟梁)이 된다고 한다. 고갯마루를 지키고 서 있는 거목은 그 뿌리를 최대한 고갯마루 틈새로 비집고 땅속으로 그 중심을 내린다. 가지와 줄기는 쓰러지기 않도록 균형을 잡고 위치를 조절하면서 성장해 간다. 생태적 질서와 잘 조화를 이룬 그 모습은 주변 환경과 잘 어울려 격조 또한 어우러진다. 그것이 느티나무가 갖는 유유자적(悠悠自適)의 품격이다.

사람이 사람다울 때 '품격'을 갖췄다고 말할 수 있다. 한곳에 치우침 없이 살아가는 거목은 흡사 오로지 고향을 지키는 전형적인 수호신의 모습으로 투영될 수 있다. 시인은 종래의 전통적 소재를 잔잔하면서도 선 굵은 시적 안목으로 세밀하게 관찰하고 이를 형상화시키는 문학적 기법이 남달랐다. 느티나무와 시적 화자 '나'와 동일시하고 있는 가운데, 고향을 고집하는 토박이의 심정을 압축시키고 있다.

이수옥 시 공화국에는 대자연을 노래하고 지키는 노래하는 얼과 정신, 따뜻한 사랑의 진품들이 살아 숨 쉬고 있다.

이수옥 시인의 시집 『여정(旅程) 황혼 빛』은 존재적 자기 자각을 통해 삶의 위치를 착생시키고, 인간미가 넘쳤던 우리 사회의 목소리를 뿌리내리며 재생시키고 있는 한국현대시단의 영지버섯이다. 인간의 영혼이 빚어내는 내면의 향기가 깊은 사유로 담겨 있다. 아울러 이수옥 시인의 시집 『여정(旅程) 황혼 빛』은 인간의 심리적인 상처와 갈등을 치유해 내는 정화 기능을 하고 있다. 내적인 평화와 함께, 파괴된 외부를 완화하도록 작용하고 있다.

이수옥 시인의 『여정(旅程) 황혼 빛』은 인생의 깊이로 수놓은 시집이다. 이에 이수옥 시인을 '현대판 헤밍웨이'로 명명한나. 노벨문학상을 수상한 미국의 소설가 어니스트 헤밍웨이(1899~1961)가 『노인과 바다(1952, 중편소설)』라는 대작을 남길 수 있었던 주된 이유는 인생의 굴곡진 삶을 표현할 수 있는 중년이었다는 점이다. 84일간이나 물고기를 못 잡은 81세의 늙은 어부가 혈투 끝에 거대한 물고기를 잡고 돌아오는 도중에 상어 떼를 만나, 항구에 닿았을 때의 물고기는 뼈만 남아 있었다는 인생 스토리가 담겨 있다. 마찬가지로 이수옥 시인의 『여정(旅程) 황혼 빛』 속에는 내재된 인간의 고독과 슬픔이 절제된 가운데, 끝없는 사유와 성찰을 토로하고 있다.

한계 상황을 극복하는 시인의 자유 의지가 생경한 낯선 대자연의 세계를 탐색하고 모색한다. 이수옥 시인이 궁극적으로 지향하고 있는 서정의 항해는 멈춤 없이 순차적으로 진행되고 내밀한 탐색도 병행한다. 시인의 정제된 언어는 오랜 시적 연륜과 사유를 통해 얻은 깨달음의 결정체이다. 이는 이수옥 시학의 산물로 정리할 수 있다.

이수옥 시인의 시집 『여정(旅程) 황혼 빛』은 여성 특유의 문체를 통해 부드럽고 우아한 서정의 저수지를 탄생시켰다. 한국현대문학사 지평을 열 수 있는 서정시의 백미임을 밝힌다.

문학세계대표작가선 1036

여정旅程 황혼 빛

이수옥 시집

인쇄 1판 1쇄   2024년 12월 13일
발행 1판 1쇄   2024년 12월 20일

지 은 이 : 이수옥
펴 낸 이 : 김천우
펴 낸 곳 : **문학세계** 출판부 / 도서출판 천우
등   록 : 1992. 2. 15. 제1-1307호
주   소 : 서울시 광진구 구의강변로 85 강우빌딩 7F
전   화 : 02)2298-7661
팩   스 : 02)2298-7665
http://cafe.naver.com/chunwu777
E-mail : cw7661@naver.com

ⓒ 이수옥, 2024.

값 15,000원

＊도서출판 천우와 저자의 서면 동의 없는 무단 전재 및 복제를 금합니다.
＊저자와의 협의에 따라 인지는 생략합니다.

ISBN 978-89-7954-945-4